LA EDAD DE LA LANGOSTA

Luis Carlos Molina Acevedo

Titulo: La Edad de la Langosta

Primera Edición

Copyright ©1995 Luis Carlos Molina Acevedo

Segunda Edición

Copyright ©2015 Luis Carlos Molina Acevedo

©De los Textos: Luis Carlos Molina Acevedo

Autor: Luis Carlos Molina Acevedo

Contacto: lcmolinaa@yahoo.es

http://lucamo.vzpla.net

Diseño de Carátula: Luis Carlos Molina Acevedo

Revisión de Estilo: Luis Carlos Molina Acevedo

Todos los Derechos Reservados

ISBN-13: 978-1514342718

ISBN-10: 1514342715

Sobre el Autor

Luis Carlos Molina Acevedo es Comunicador Social y Magíster en Lingüística de la Universidad de Antioquia, Colombia. Ha publicado más de veinte libros para las Librerías en Línea, así:

Quiero Volar, El Alfarero de Cuentos, Virtuales Sensaciones, El Abogado del Presidente, Guayacán Rojo Sangre, Territorios de Muerte, Años de Langosta, El Confesor, El Orbe Llamador, Oscares al Desnudo, Diez Cortos Animados, La Fortaleza, Territorios de la Muerte, La Edad de la Langosta, Del Donjuanismo al Vampirismo Sexual, Imaginaria de la Exageración, La Clavícula de los Sueños, Quince Escritores Colombianos, De Escritores para Escritores, El Moderno Concepto de Comunicación, Sociosemántica de la Amistad, Magia: Símbolos y Textos de la Magia.

I Want to Fly, From Don Juan to Sexual Vampirism, The Clavicle of Dreams, and The Imaginary of Exaggeration.

Contenido

Presentación

LA EDAD DE LA LANGOSTA es un ensayo cultural sobre las invasiones de la langosta en Colombia durante el siglo XX. La plaga bíblica fue un azote para la agricultura. Causó un gran impacto económico. La tarea de combatirla fue una labor ciudadana y del gobierno. Varios programas fueron puestos en marcha por el Estado para erradicarla definitivamente.

Las invasiones de la langosta fueron fuertes durante el primer cuarto de siglo. Hacia 1936 se dio la última invasión significativa. Los programas del gobierno lograron identificar el origen y se avanzó hacia la erradicación. En 1995, se volvió a tener noticia de la presencia del insecto en el sur del país.

Debo agradecer y hacer un reconocimiento a la labor de Camilo Calderón Schrader, quien desde su posición como editor de la Revista Credencial Historia, contribuyó a la permanencia de la memoria cultural, política y social del país. Su orientación académica, fue determinante para hacer de la historia nacional un registro de los hechos, contados de forma amena y con rigor académico. Atrás quedó el estilo frío y pesado de la historia como asignatura. Abrió el espacio para la divulgación de los aspectos poco conocidos de la historia de Colombia.

La Revista Credencial Historia ha recibido importantes reconocimientos por su labor. En 1992, obtuvo la Condecoración Simón Bolívar, del Ministerio de Educación Nacional, Colombia. En 1993, se le otorgó el Premio Nacional de Periodismo Simón Bolívar, por Mejor Trabajo Cultural en Prensa. Esta revista es de circulación mensual y nacional. En ella, se publicó por primera vez "La Edad de la Langosta", en el número 63 de marzo de 1995.

La Plaga Bíblica no ha Desaparecido

Publicado por primera vez en la Revista Credencial Historia, Bogotá – Colombia, edición #63, Marzo de 1995.

En abril y mayo de 1994, campesinos del departamento del Meta, Colombia, reportaron a la oficina del Instituto Colombiano Agropecuario, ICA, en Villavicencio, la presencia de langosta saltona en la altillanura. Desde entonces la Oficina de Prevención y Control ha hecho un seguimiento del desarrollo de la plaga. La langosta no ha podido sobrepasar el cauce del río Meta. En sus vegas se halla la mayor presencia de los enemigos naturales de la plaga, los cuales son el mejor método de control. Se ha identificado a la garza como la más efectiva, al lado de los garrapateros, los guereré, los alcaravanes llaneros y los carracos (aves propias de la región).

Las invasiones de la langosta en el presente siglo tuvieron un efecto devastador sobre la agricultura colombiana, creando desórdenes económicos, sociales y políticos. En la región del suroeste de Antioquia existen varios testimonios orales sobre las invasiones

1

en 1906, 1909, 1916, 1918-20, 1926, 1928 y una pasajera en 1936. De ésta, se dice, solo se escuchó el zumbido característico de la plaga al volar y se vio la nube de langostas en el firmamento. Pasó de largo sin asentarse esta vez, en esa región. Pasó de largo hacía otro lugar del país.

La llegada de la langosta implicaba apresurados traslados de ganado en busca de otras tierras donde pudiera alimentarse, pues la plaga acababa con los pastos. Los alimentos escaseaban, y quedaban las consecuentes hambrunas. «Cómo sería el hambre que mi hermano menor, quien en ese entonces tenía dos meses, se comió la punta de la suela de una cotiza, y si no es porque mi mamá lo vio a tiempo, se la come toda», dice Julián Bolívar, informante del municipio de Betulia (Antioquia), Colombia. Su relato de la plaga es conmovedor: «yo estaba de unos ocho años. Iba con mi hermano para la roza cuando menos pensamos, escuchamos un zumbido y nos volvimos para mirar y nos encontramos con una bandada de grillos que venía volando. Sacamos los machetes y comenzamos a reventarlos en el aire. Estábamos entretenidos matándolos cuando se nos deja venir la lluvia de esos animales y corrimos asustados para la casa. Mi mamá estaba arrodillada en el patio rezando. Al otro día todo estaba pelado. Del yucal solo quedaban los varejones blancos porque la langosta se había comido hasta la corteza. Era tanto el animalero, que las matas de maíz se doblaban al suelo con ellas. Pasamos mucha hambre».

Las personas debían acudir a la poca vegetación dejada por la langosta, para subsistir. El insecto no se comía las mazorcas de maíz cuando habían alcanzado su máximo grado de madurez, o estaban «jechas» (término usado por las personas del suroeste antioqueño, para referirse al maíz en su estado de madurez). Tampoco se comían la rascadera. Esta planta produce una leche picante, y sus hojas la aprovechaban las personas como vianda o «revuelto», al lado de los yuyos de calabacera, para hacer sopas (Estas plantas son consideradas maleza entre los habitantes de la región). Para darle sustancia a tal menú, en la mayoría de los casos arrancaban las puertas para quitarles las bisagras de cuero. Se las echaban al caldo para darle algún sabor (En las casas campesinas, las bisagras para abrir y cerrar las puertas, se hacían de cuero de vaca). En otros casos, varias familias se unían y compraban un fémur de res llamado comúnmente «calabombo» o «cadero» o «hueso de sustancia» (este hueso, en tiempos normales, usualmente se regalaba en las carnicerías, o se le dejaba a los perros callejeros). Tal hueso se lo turnaban por días para darle sazón a las sopas. Tampoco atacaban los arbustos del café, por el sabor amargo de sus hojas. Devoraban el maíz tierno (denominado regionalmente como "chócolo"), la yuca, el plátano, el fríjol, la caña de azúcar, el algodón, la pina, la papaya, los naranjos y otros productos básicos de la agricultura.

Los anteriores testimonios hablan del estado de pobreza predominante, luego de la invasión de la langosta. Pero al campesino no le preocupaba tanto la invasión en sí, sino las crías dejadas en los terrenos. Empollaban a los pocos días y se volvían una pesadilla interminable, pues inhabilitaban toda acción diferente a la de exterminarlas. Él único trabajo disponible en las haciendas, era atrapar a los bichos para empacarlos en costales. Las crías comenzaban devorando las plantas bajas, pero en pocos días eran capaces de trepar a las más altas. Su período de madurez podía durar hasta dos meses, dentro de los cuales era incapaz de volar para irse y se alimentaba de cualquier nuevo brote de vegetación. Cualquier cultivo dejado por la invasión, era devorado luego por las crías. Era inútil sembrar de nuevo, los nuevos especímenes devastaban cualquier cultivo, antes de levantarse del piso para volar e irse.

La langosta en Colombia

Resulta increíble entender cómo un insecto, con tan solo seis dientes en cada mandíbula, haya causado y siga causando tanto terror al hombre. Su poder devastador arruinó los mejores cultivos en el pasado y parece como si lo mismo pudiera ocurrir de nuevo en cualquier momento en Colombia. En donde se asentaba, de un día para otro devoraba los sembrados, fueran extensos o chicos, y solo dejaba desolación. La langosta se presenta como un insecto bastante misterioso. Mientras está en estado aislado, es inofensiva, pero cuando desarrolla su espíritu gregario, es tan destructiva como una guerra.

En la Universidad Nacional, sede Medellín, Colombia, se adelantaron experimentos con langostas solitarias y luego de algunos días de estar juntas, tomaban la coloración café o gris oscuro de la gregaria. Es decir, la langosta en su estado natural es de color verdoso, similar al del grillo, pero cuando está en compañía de otras langostas, cambia su coloración verde a una coloración negruzca, y cuando migra en manadas, su coloración se torna pardusca. Este insecto tiene tres colores: verde, negruzco y pardo, dependiendo de si está solo, o en compañía, o si ha volado a otras regiones diferentes a la de origen. Este es un hecho todavía no explicado por la ciencia y despierta curiosidad. Los cambios de coloración, es de suponer, deben tener algún sentido evolutivo.

Otro de los experimentos novedosos, hechos en la Universidad Nacional de Colombia, sede Medellín, consistió en separar de un tajo, con una cuchilla filosa, el tronco de la cabeza. Luego, se colocó junto a la cabeza, hojas tiernas de plantas. Para desconcierto de los presentes, la cabeza mutilada devoró varias hojas, pese a estar desmembrada del cuerpo.

Desde 1936 no se registran invasiones de langosta en Colombia y esto constituye otro punto de asombro alrededor de este insecto, pues las invasiones en el Brasil, Perú y otros países vecinos, son frecuentes en la actualidad. Según los datos históricos, las invasiones en Colombia, se daban con mayor frecuencia de sur a norte. Desde esa perspectiva, el país debería estar sufriendo los rigores de esta plaga, pues los países mencionados limitan con Colombia por el sur.

En Colombia se identificó como centro de origen, la región de Cumbitira, cerca al río Patía, en el departamento del Cauca. Otros investigadores, también asignaron la Laguna del Castigo como punto de origen. Esta laguna está localizada en las vecindades del nacimiento del río Magdalena y el Cauca. Tomó este nombre, según se dice, porque allí fueron arrojados unos franciscanos en la época de la colonia. Murieron de forma violenta, pero antes de hacerlo, los monjes lanzaron una maldición. Desde entonces, su castigo se hace sentir en forma de invasión de langostas.

La historia de los franciscanos, no está lejos de haber sido influenciada por el conocido relato bíblico (Éxodo, 10, 13-15). Allí se relata cómo Dios, a través de Moisés, castigó al pueblo egipcio, dada la negativa del Faraón, de dejar salir al pueblo hebreo hacia la tierra prometida. Otra versión sobre el origen de la plaga en Colombia, plantea una hipótesis similar, pero sin el acento religioso. Para ésta, la langosta, de la Nueva Granada, habitaba el desierto de «El Castigo», ubicado en las márgenes del río Patía, cerca de la desembocadura en el océano Pacífico. Se conserva el nombre, pero aquí ya no es una laguna, sino un desierto. Por lo común salían de allá cada 6, 8 o 10 años. Emigraban unas veces al sur y otras al norte sobre Popayán, y seguían el curso del río Cauca. De 1814 a 1815, se extendió por todo el Valle del Cauca hasta la parroquia de San Andrés en la provincia de Antioquia.

Al parecer, la langosta existe desde hace muchos años en Colombia y quizá estuvo confinada al río Amazonas entre la selva. Quizá no sintiera la necesidad de salir de aquella espesa vegetación. La primera referencia de ella, fuera de la selva, se registra en Pasto hacia 1619. Se conoce este dato histórico, porque los habitantes decidieron adoptar, como protector contra la langosta, al santo Fray Luis Beltrán. La destrucción de esta plaga ha sido muy poderosa y solo queda apelar al poder divino para contrarrestarla. En 1748, también se dice, el padre Larre, en Popayán, la conjuró en nombre de San Joaquín. Para entonces, ya había avanzado hacia el norte del país.

En 1916 la langosta invadió 16 secciones del país. En Antioquia se registra además de ésta, otra en 1909 con igual magnitud. Sin embargo, desde 1878 se denunciaba la expansión de la plaga en el Boletín del Comercio. Desde este periódico impreso, ya se clamaba al gobierno nacional sobre la necesidad de emprender programas para erradicar a la langosta. Hubo invasiones fuertes en 1906 y 1908, procedentes del departamento de Bolívar. Estas invasiones llaman la atención, porque parecen salirse del patrón normal de vuelo de la plaga, el cual era de sur a norte. Si se asume como origen el nacimiento del río Magdalena, según los registros históricos, entonces la langosta llegó al departamento de Bolívar y se devolvió.

En Santa Fe de Antioquia, un municipio del departamento de Antioquia, Colombia, llegaron a atacar hasta los trajes de las lavanderas (nombre dado a las mujeres cuando lavaban la ropa a orillas de los ríos) y la iraca retostada de los techos (Las viviendas, en vez de tejados, usaban las ramas secas de la planta de iraca, cuyas ramas se parecen a las de las palmeras). Afectó a varios pueblos del occidente, del suroeste y bajo Cauca de Antioquia entre 1918 y 1920, sobre todo en los meses secos (mitad de año). Se las denominaba comúnmente como chapulinas, paco-pacos y saltones (realmente son nombres, dados a la langosta, según sea el grado de desarrollo). Son de cuerpo alto y comprimido, cabeza de igual anchura, surcos transversales y coloración variada. A simple vista, se las puede confundir con un grillo, pero son un poco más grandes.

El problema de la invasión de langostas llegó a ser muy grande. El gobierno nacional promulgó controles legislativos para obligar a los gobernadores y a los alcaldes, a tomar medidas para exterminar la plaga. El primero fue la Ley 19 del 17 de octubre de 1911. En el artículo 15 establecía multas de 2 a 20 pesos colombianos para la negligencia en el exterminio de la langosta. Estas eran multas muy altas para la época, si se compara con los jornales pagados por entonces. Éstos se tasaban en centavos (la centésima parte de un peso).

La Ley 65 del 9 de noviembre de 1914, reglamentaba la fumigación del punto de origen de la plaga, o sea la laguna o desierto de El Castigo. Esta ley se promulgó, cuando varios grupos de investigación de las universidades, pudieron identificar a ese lugar como el origen de la plaga. La fumigación propuesta, se basaba en una aplicación de arsénico en proporción de 200 libras de arsénico por cada 15 galones de agua hirviendo, más cinco galones de agua fría y 40 galones de miel de caña de azúcar. Lo interesante era cómo a nivel local, ya venían medidas de exterminio desde mucho antes. Así por ejemplo, en el departamento de Antioquia, se encuentra la ordenanza 32 de agosto de 1890 y el decreto 145 del 28 de abril de 1906, donde se impartía la orden a los municipios de combatir a la langosta por todos los medios. Está órdenes debían cumplirse para evitar sanciones políticas.

La lucha contra la langosta, no era solo labor del gobierno. También la ciencia se esforzaba para encontrar medios más eficaces para combatirla.

Merecen especial mención las recomendaciones dadas en 1916 por el agrónomo Dawe, consejero entonces del Ministerio de Agricultura. Él diseñó una estrategia consistente en un sistema de zanjas o fosos (una vara de ancho por una vara de profundidad), en los terrenos invadidos por las langostas. Contra la pared de la zanja, se instalaba una tabla sobresaliente del borde. Contra ella chocaban las langostas e iban quedando apiladas en el fondo de la zanja. Cuando había una buena cantidad de ellas, se las cubría con tierra. Éste fue el sistema más usado por el campesino antioqueño, según se registra en los testimonios de tradición oral.

Dentro de los métodos de exterminio, también se recomendaban las trampas portátiles con emulsión de petróleo. Cuando la langosta caía en estas trampas, moría por la acción venenosa de la emulsión de petróleo. Y el más común de los métodos, pero el más lento, matarlas con ramas de árboles, hojas de maguey o correas de cuero. Fue el método más usado por los denominados «capturadores», quienes cobraban por su oficio. Ante la falta de trabajo en temporadas de invasión, varias cuadrillas de hombres se dedicaban a capturar manualmente a los bichos. Los empacaban en costales y luego las vendían por bultos a los propietarios de las grandes haciendas. De esta manera compensaban en algo la falta de ingresos.

En la tradición oral del suroeste antioqueño, se encuentran relatos según los cuales, por una jornada de recolección de langostas se pagaba, una taza de mazamorra y dos centavos. A las cuadrillas de hombres, se unieron otros batalladores. Los animales domésticos se constituyeron en una gran ayuda para destruir a las langostas. El más «profesional» en este oficio, fue el cerdo. Este animal hozaba incansable en busca de los huevos puestos bajo la tierra y tenía un gran olfato para localizarlos. Los masticaban como si fueran el cuido predilecto. También las gallinas colaboraban en la labor. Se alimentaban incansables con los bichos, pero en el decir de las gentes, esto tenía una gran desventaja: la carne de las aves tomaba un sabor desagradable durante los veinte días siguientes. En este periodo de tiempo, preferían no consumir la carne de estas aves. Los perros también se unieron a la gran labor de supervivencia. Ellos, como los demás animales, rastreaban los bichos y se los comían. En ellos también se presentaban efectos colaterales. Se enflaquecían de manera notable después de comerlas y perdían el pelo paulatinamente hasta morir. Fueron muchos los animales en el combate, mirlas, turpiales, toches, sinsontes, siriríes, arroceros, chamones, cirihuelos, carriquíes, tijeretas, carpinteros y azulejos (todos nombres comunes de aves silvestres del suroeste antioqueño).

Características de la langosta

Desde la biología, la langosta pertenece a la clase de los insectos, orden ortóptero, sección saltadores, familia acridides, género acridios, especie acridium peregrinum, del cual existe la especie Acridio Colombiano, propia de Colombia, con notables diferencias frente a las de los países vecinos. Esta especie apareció hacia fines de 1888, según se registra en estudios hechos al respecto. Además de ésta, se identificaron en las invasiones, también otras tres especies comunes en Suramérica: la Schistocerca Paramensis Migratoria, clasificada por Walk Burm y quizá la más frecuente en Colombia. La Tropinotus Rosulentus clasificada por Stal, y se identificó en la invasión de 1936, sobre todo en el occidente de Antioquia, donde se hizo el registro biológico de la especie. Esta invasión fue menos fuerte y por eso se la considera un último rezago de las grandes migraciones. Existe también La Bogotensis, clasificada por Scud y la Tropidacris Latre, clasificada por Illei Perty. A esta última se la conoce también con el apelativo de «burra», debido a su gran tamaño, en comparación con las demás. Llegaba a medir hasta 15

13

centímetros de largo. Tiene amarillas las alas y unos tuberculitos blancos en el tórax.

La eclosión de la postura demoraba entre tres y cuatro semanas y desde entonces pasaban por cinco etapas antes de alcanzar la edad adulta. Las crías nacían ápteras, verdosas y al tercer día se tornaban negras. A los ocho días mudaban a un color gris, a los doce días les aparecían las primeras manchas amarillas. A los cincuenta días, las crías alcanzaban la madurez de las alas. Y a los tres meses eran visibles las manchas amarillas y rojas sobre fondo negro. Para alimentarse preferían las gramíneas y podían comer el estiércol fresco de los equinos. Al volar, las alas producían un zumbido característico. Este ciclo de desarrollo muestra por qué era inútil cualquier intento para cultivar la tierra después de una invasión de langostas. Las semillas podían mezclarse con huevos de langosta en la tierra. Los primeros retoños podían aparecer a la vez de la eclosión de los huevos, y los bichos en desarrollo, encontraban las plantas tiernas, apropiadas para su alimentación.

Se considera a las especies suramericanas con mayor longevidad. El promedio de vida, es de 67 días. El ciclo evolutivo completo es de 133 a 200 días, pero puede llegar a un año. Los tamaños varían entre seis y ocho centímetros de largo. La postura de los huevos entre la tierra, comienza después de diez a quince días de la cópula, y logra entre seis y ocho posturas con intervalos de diez a quince días. Esta gran capacidad de reproducción, hace tan temible a esta plaga. El apareamiento se da entre los meses de noviembre y febrero. Las migraciones son más frecuentes entre abril y mayo hacia el norte y el y noroeste. Y las invasiones entre septiembre y diciembre. Sus vuelos pueden ser de dos tipos, bien de dispersión o bien de concentración. Estos últimos son los más devastadores para los sembrados.

La langosta requiere de clima seco y caluroso, pues necesita el calor del sol para poder volar (sus alas débiles, se cargan de energía con el sol), vegetación xerofítica (no gustan de las plantas amargas), terrenos semiáridos para facilitar la postura de los huevos y lluvias intermitentes para el empollado de los huevos. A pesar de estos requerimientos, los insectos lograban hacer un gran daño a la economía agrícola de cualquier país.

Después de algunas horas de estar apareada, la hembra perfora la tierra con sus cuernos caudales, sin desprenderse del macho, y coloca los huevos en la cloaca o en el oviscapto perpendicular de 60 mm. de profundidad. La hembra al desovarse pierde sus fuerzas y muere generalmente pocas horas después y no lejos del lugar donde puso. El macho se separa, revolotea algunos días en el sitio cercano al desove, permanece fijo generalmente en un solo punto, su vuelo es corto y su debilidad extrema. Sus álitos (alas membranosas debajo de las alas propiamente dichas), alas y patas van desprendiéndose hasta morir. Como enemigo natural de la langosta se llegó a identificar al Cocobacillus Acridiorum, clasificado por Herelle. Este bacilo se introduce en su organismo y puede destruirla.

Las personas del suroeste antioqueño mayores de 80 años, quienes fueron entrevistadas entre 1986 y

1989, al hablar de la langosta hacían la señal de la cruz y decían con algo de temor: « ¡Ojala no nos toque vivir eso de nuevo!». En ellas existe la comprobación directa de lo que esta plaga bíblica puede hacer. Muchas veces se vieron impotentes ante ella. Nada podían hacer, solo rezar, pidiendo su pronta desaparición.

Según Uvarov, el especialista más famoso en acrídidos, «el problema de la langosta migratoria es obra del hombre mismo. El mal uso de la tierra crea condiciones favorables para ello. El sobre pastoreo, la sobreexplotación agrícola y las quemas continuas, por ejemplo, han eliminado en vastas zonas las formaciones vegetales originales, convirtiendo los bosques en terrenos abiertos donde la langosta ha podido despertarse con gran facilidad y desarrollar poblaciones peligrosas». Parece cómo si este entomólogo describiera el proceso de deforestación acelerado en Colombia, y con él, el terreno de cultivo para el resurgimiento de la plaga una y otra vez.

Bibliografía

HOSTNIG, Rainer. «Resurgimiento de una plaga: langostas migratorias». Medio Ambiente. Lima.

(16): 10-12, enero, 1987.

APOLINAR MARIA, Hermano. «La langosta». Boletín de la Sociedad Colombiana de Ciencias Naturales, año XV, No 88, oct-nov, 1926. pp 166-73.

POSADA, A. La langosta, estudios científicos. Medellín: Imprenta oficial, 1909. pp.92-104.

YEPES RODRIGUEZ, Francisco. Anotaciones históricas sobre algunas de las apariciones de la langosta en Colombia y Antioquia. Medellín: Secretaría de Agricultura de Antioquia, VII, 1987.

Luis Carlos Molina Acevedo